T0113033

SÉNECA

LA BREVEDAD DE LA VIDA

Traducción y edición de
JOSÉ PATRICIO DOMÍNGUEZ VALDÉS

herder

Título original: De brevitate vitae
Traducción: José Patricio Domínguez Valdés
Diseño de la cubierta: Stefano Vuga

© *2024, Herder Editorial, S.L., Barcelona*

1.ª edición, 2.ª impresión, 2024

ISBN: 978-84-254-5104-1

Imprenta: Sagràfic
Depósito legal: B-240-2024

Printed in Spain – Impreso en España

herder

Índice

Introducción

Paulino, a quien Séneca dedica esta pequeña obra, era el *praefectus annonae* de Roma, esto es, el funcionario imperial que velaba por las provisiones de granos y cereales para la población. Se trataba de un cargo importantísimo, quizás comparable a un contemporáneo ministro de agricultura o comercio. El *praefectus annonae* tenía que ser alguien bien dotado para las cuentas y cálculos, un concienzudo gestor de logística y un político curtido para lidiar en dos frentes, el de la política económica palaciega y el del estómago de la población. Paulino, que ha recibido una esmerada educación, ha dedicado la mayor parte de su vida al servicio público, con todos los sinsabores que ello implica: las intrigas cortesanas, la corrupción de los funcionarios, el descontento popular. Probablemente se encuentra en aquella etapa de la vida en la que se asume con cierta nostalgia que la juventud ya ha pasado y que el tiempo que resta para vivir es menor que el tiempo vivido.

Séneca quiere que Paulino deje esta vida excesivamente «práctica» y asuma otro modo de vivir, otro modo de estar en el mundo. Con ese fin redacta este escrito *protréptico*. *Protréptico* (del verbo *protrépo:* exhortar, invitar) es el término griego para designar un género literario de exhortación, de invitación, de urgente impulso para un cambio de vida. No sabemos si Paulino le pidió consejo personal a Séneca o si este, por propia iniciativa, le escribe a aquel pensando en el «Paulino» que todos llevamos dentro, ese que está harto de perder el tiempo en una vida hecha de mil minucias, ese que se consuela diciéndose «a los cincuenta años me jubilo» o «cuando tenga sesenta años no trabajo más» (§ III).

El tema principal de este escrito exhortativo es la (supuesta) brevedad de la vida. Séneca comienza con la constatación de un sentimiento general: nos parece que la vida es corta, que no hay tiempo suficiente, que los años se nos pasan y que no logramos nada valioso. Esta percepción es común a ignorantes y a sabios. La frase de Hipócrates *ars longa vita brevis* («el conocimiento es largo, la vida es breve») cristaliza perfectamente esta vaga, pero apremiante percepción de que existe un desajuste fundamental entre el tiempo que efectivamente tenemos y nuestra profunda aspiración al cultivo de la mente (§ I). A esto se le añade nuestro propio estilo de vida determinado por los vicios y las ocupaciones superfluas, que impiden darle una unidad narrativa a nuestra vida: desgarrados entre un pasado que ya no existe, un presente que se nos escapa de las manos y un futuro amenazador, vivimos en el tiempo presos de la inconsciencia, de la inquietud o del tedio (§§ X; XVI).

Séneca, por su parte, quiere extirpar de raíz esta falsa percepción. El cordobés se esmera en mostrar que la sensación opresiva de vivir perdiendo el tiempo se debe a que hemos elegido el estilo de vida de los «atareados» *(occupati)* en vez del de los «ociosos» *(otiosi)*. Las ocupaciones que nos hacen perder el tiempo y derrocharlo en un mero *existir*, distinto del *vivir* (§§ II; VII), son, en primer lugar, los vicios. Entregarse al alcohol o al sexo son las formas más deshonrosas de derrochar el tiempo. Pero también malgastan su tiempo los que se entregan a vicios «más respetables», aquellos vicios que tienen la apariencia de ser actividades trabajosas e intensas, pero que en realidad son formas sofisticadas de perder el tiempo: la avidez de dinero, la búsqueda del poder político, el impulso hacia conquistas bélicas, la vida de lujos, los pasatiempos o la erudición inútil. A todas estas ocupaciones opone Séneca el único modo de vivir la vida con provecho: el dedicarse a la sabiduría (§ XIV).

¿En qué consiste esta sabiduría y cómo logra ella hacerse del tiempo? La respuesta de Séneca estriba en su concepción del tiempo. Séneca no ofrece aquí una teoría general del tiempo, que incluya su aspecto cosmológico o físico. No hay una teoría de qué es el tiempo cronológico, aquella dimensión inasible pero omnipresente que marca la existencia del universo físico. Lo que Séneca ofrece es más bien una consideración ética del tiempo, es decir, de la vivencia de la temporalidad tal como se nos da en primera persona, en el diario vivir hecho de infinitas decisiones que se despliega en tres «espacios»: el fluir mismo de nuestra vida (el presente) que rápidamente pasa (el pasado) y hacia el cual nos proyectamos (el futuro). La vida del vicioso o el ocupado en actividades superfluas se hace brevísima, pues descuida el presente en actividades que destruyen su carácter, el pasado no significa un acervo (fue mal utilizado y es oprobioso) y el futuro se presenta como una amenaza de perder los bienes conseguidos, en cuyo telón de fondo se halla la pavorosa muerte.

Rehuyendo el pasado y el futuro, vive un presente mínimo, una mera sucesión de átomos desenlazada del pasado y del futuro.

Por el contrario, la vida del sabio se despliega armónicamente entre el pasado, el presente y el futuro. Y esto por dos razones: en primer lugar, porque vive con los afectos ordenados, es decir, no está apegado a los bienes que los estoicos llaman «bienes de la fortuna» (todos aquellos bienes que no dependen de nosotros mismos y que son esencialmente transitorios, como el poder, el dinero, el placer, etcétera), y en segundo lugar, porque usa —o *invierte*, para utilizar una metáfora económica cara a Séneca— su tiempo libre, su *otium*, en la filosofía, esto es, en el estudio de las doctrinas y los autores que han elaborado tanto una teoría como una práctica del buen vivir. Estas dos razones, que en realidad son dos caras de una misma moneda —la filosofía— permiten que el ser humano tenga una relación fructífera con su propia existencia temporal. La paradoja radica en que, para lograr dicha relación, el hombre tiene que *destemporalizarse*.

Esta destemporalización no significa una huida del tiempo ni una negación de la condición mortal. Significa más bien una *intensificación* de su condición temporal, un vivir liberado del tiempo entendido como caducidad o expectación, pero distendido en el tiempo como suma de las épocas pasadas y futuras. Esto que llamo destemporalización se explica más fácilmente con aquella doble dimensión de la filosofía mencionada en el párrafo anterior. La filosofía es a la vez liberación de afectos desordenados —en terminología estoica, imperturbabilidad— y conocimiento cierto de la realidad. Como liberación de los afectos desordenados, la filosofía sitúa al hombre por sobre las vicisitudes del tiempo: no se ve zarandeado de aquí para allá por el dinero, la gloria, el poder o el placer, que son bienes esencialmente temporales. Su presente es feliz, su pasado es un tesoro de grato recuerdo, y el futuro no lo inquieta. Como su felicidad no depende de la fortuna, tiene una relación no servil con ella. Si la fortuna dispone que pierda sus bienes, incluso la vida, el sabio lo acepta de buen grado. Cuando la fortuna así lo disponga, «el sabio no vacilará en ir a la muerte con paso seguro» (§ XI).

Como conocimiento del mundo, la filosofía invita al hombre a entrar en diálogo con las grandes mentes del pasado. El hombre que utiliza bien su tiempo, el ocioso en el mejor sentido del término, añade las épocas anteriores a su propio tiempo. Así se libera de las angosturas de la condición humana y extiende su mente en el diálogo con los filósofos del pasado como Pitágoras, Sócrates, Aristóteles, Carnéades o Epicuro. La *vita contemplativa*, esto es, el estudio de las grandes preguntas acompañado de las grandes mentes, hace que su tiempo se ensanche casi infinitamente: ahora no solo vive en un presente lleno de sentido, sino que su mirada alcanza el pasado y anticipa el futuro. Por consiguiente, la vida del sabio es larga (§ XV).

La vida filosófica en conversación con las grandes mentes del pasado le sirve a Séneca para trazar una de sus críticas sociales más punzantes. Mientras la amistad del ocioso con los filósofos de tiempos pretéritos es agradable, serena y honesta, la amistad entre los hombres suele ser lo contrario. A lo largo de todo este protréptico aparece una y otra vez la práctica romana del clientelismo, aquella estructura social y política que vincula a patrones y clientes en una constante transacción de *officia:* pan, poder y ayuda legal a cambio de votos, favores y lisonjas. Para Séneca, la sociedad romana está marcada por este vínculo tóxico entre sus miembros. Prácticamente no hay nadie que no dirija su vida —que consuma su tiempo— en estas relaciones. La política parece diluirse en un constante tomar partido por uno u otro candidato, la vida del Foro parece agotarse en esta mascarada de acusaciones y defensas sin fin entre rivales y aliados. El tiempo se derrocha siempre en función de *otro* que es siempre un vehículo para la satisfacción de deseos desordenados como la vanidad o la avaricia. Nadie vive realmente para sí mismo (§§ II-III).

En esta maraña de relaciones sociales marcada por la amistad utilitaria, el impulso llamado «ambición» *(ambitio)* desempeña un papel crucial. Etimológicamente *ambitio* (del verbo *ambire*) designa la práctica de girar alrededor, de rodear a alguien para pedirle favores, mostrarse atractivo, caerle simpático, sentirse estimado. El hombre ocupado, en contraste con el ocioso, es máximamente *ambicioso* en este sentido primigenio: utiliza su tiempo en dar vueltas buscando aprobación, intercambiando elogios y mendigando aplausos. La ambición no solo es el rasgo distintivo de grandes personalidades políticas, como Druso o Escipión, sino el rasgo de una gran clase social acomodada cuya vida diaria gira en torno al «qué dirán». Incluso las reuniones sociales, que tradicionalmente son el espacio escogido para amistades genuinas, se transforman en dispositivos de ostentación (§ XII).

En las últimas décadas se ha hablado mucho sobre un renacer de la filosofía estoica no solo entre los profesionales de la filosofía, sino entre el gran público. La principal causa probablemente estriba en el redescubrimiento del hecho de que la filosofía no solo es investigación de cuestiones abstractas, sino que también propone un «arte del buen vivir», esto es, una forma de enfrentarse a situaciones comunes y corrientes de la vida, como el duelo, el temor a la muerte, la variabilidad de la fortuna o, en nuestro caso, la fugacidad del tiempo. Dentro de la pléyade de autores que hablan sentenciosamente sobre estos asuntos vitales se encuentra, naturalmente, Séneca. Entre ellos, sin embargo, nuestro autor destaca porque no solo entrega máximas —sentencias condensadas para meditar y guiar la praxis— sino que brinda análisis dignos del mejor sociólogo o novelista. Al leerlos, caemos en la cuenta de que, después de todo, un ocupado habitante del imperio romano del siglo I d. C. no es tan diferente de nosotros.

En concreto, pienso que el análisis que hace Séneca de la ambición y la hiperactividad como formas de estar en el mundo encuentra un eco especial en el lector contemporáneo. En lo que sigue, intentaré describir dos fenómenos actuales relacionados con la pérdida de tiempo tal como la describe Séneca: en primer lugar, el fenómeno de la hiperconectividad y, en segundo lugar, la transformación de la universidad en lugar de ajetreo *(negotium).*

Tiempo y redes

La hiperquinesia cotidiana, aquel hábito que «arrebata a la vida humana cualquier elemento contemplativo, cualquier capacidad para demorarse»,[1] se encuentra estrechamente ligada a una forma sutil de clientelismo, que es la exhibición constante en redes sociales. Las redes sociales para todo tipo de ámbitos —social, laboral, comercial, hasta amoroso—, y presentes en toda clase de dispositivos, significan a diario un consumo altísimo de tiempo entre los habitantes de las sociedades más industrializadas. Dichas redes sociales, que funcionan a base de estímulos y premios para mantener en vilo al «usuario-cliente», generan en mu-

1. Byung-Chul Han, *El aroma del tiempo. Un ensayo filosófico sobre el arte de demorarse*, Barcelona, Herder, 2015, pp. 10-11.

chos casos un quiebre del individuo con su entorno inmediato (el tiempo utilizado en la realidad virtual no es «recuperable» para experiencias de la realidad) y en el peor de los casos, una distorsión de la propia imagen a merced de los estímulos de aceptación o rechazo del «otro» —muchas veces anónimo— por causa del aspecto físico, los pasatiempos, las micropiniones sobre la contingencia o el éxito laboral.

Séneca nos pide sacar cuentas de cómo hemos utilizado el tiempo. Es probable que el balance del hombre contemporáneo sea peor que el del *occupatus* del Imperio romano: seguimos enfrascados en conseguir o tomar clientes, seguimos presas de la *ambitio*, pero ahora trasladada a la realidad virtual; seguimos absortos en el constante bombardeo de noticias, chismes y rumores, pero ahora a través de aparatos electrónicos, cuya presencia las veinticuatro horas del día consideramos ineludible. Si a mediados del siglo pasado muchas voces alertaban sobre el poder alienante de la televisión, hoy podemos decir que los temores más pesimistas han sido superados por la realidad: la masificación del teléfono hiperconectado significa, en la práctica, que todo adulto —y lamentablemente, cada vez más todo niño— tiene a su disposición, a cada instante y en cada lugar, una ocasión programada ex profeso para distraerlo con mil cosas. Estas mil cosas no tienen nada en común, pues provienen de tiempos y lugares completamente desconectados entre sí y la situación vital de quien los recibe.

O, mejor dicho: lo único que tienen en común es su completa heterogeneidad. En mi teléfono móvil recibo vídeos de la guerra en Ucrania, compilaciones de goles de mundiales pasados, imágenes de catástrofes de lugares ignotos, vídeos de todo tipo sin verificación de la prensa tradicional (más proclives, por lo tanto, a ser falseados), y mensajes privados de toda índole. La tecnología actual permite que «lo cercano y lo lejano se mezclen en un horizonte de percepción artificialmente ampliado», perturbando así la orientación individual de espacio y tiempo.[2] Esta perturbación repercute en un tiempo vivido fragmentariamente, a la manera de átomos sin conexión ni ordenamiento entre sí. Es tal la cantidad y heterogeneidad de la información recibida, que el sujeto, no pudiendo procesarla adecuadamente, solo se puede contentar con tener una relación superficial con ella. Se hace así imposible aquel estado de la mente

2. Rüdiger Safranski, *¿Cuánta globalización podemos soportar?*, Barcelona, Tusquets, 2004, p. 88.

que Séneca designa a veces con el giro de «vivir consigo mismo» *(secum vivere)*. Se vive en la disgregación, en la hiperconexión y, paradójicamente, en la soledad.

Universitas negotiosa

El estado mental de estar en mil cosas a la vez, lo que Séneca llama *animus districtus* («mente distraída», o mejor aún «mente tironeada en varias direcciones»), se opone al modo de vida reposado que los romanos llamaban *otium*. Al igual que la voz española «ocio», *otium* puede ser sinónimo de la intensa actividad interior del que «huye del mundanal ruido» y también puede significar inercia, estancamiento, ociosidad. Existe un ocio que en realidad es falta de actividad, irresolución, o simplemente pereza.

Séneca pone ejemplos cómicos de romanos que viven semidormidos en las literas o se pasan el día bronceándose. Pero existen modos de vida o actividades que aparentan ocio, pero en realidad son *negotium* (no «negocio» en el sentido de intercambio de bienes por dinero, sino de «vida ajetreada»). Son actividades que dan la impresión de estar absortas en algo que merece la pena —por ejemplo, una investigación literaria o una pesquisa historiográfica— pero que, miradas de cerca, son un simple despilfarro de ingenio, no dirigido a ninguna pregunta existencialmente relevante (§ XIII). No se trata, como quizás alguien podría pensar, de reducir la teoría a la moral ni de sospechar del saber «desinteresado», sino de establecer un lazo vital entre el estudio, por más abstracto que sea, con las inquietudes fundamentales del hombre de carne y hueso.

Históricamente, la universidad ha sido el lugar o institución que ha acogido a todos aquellos que desean hacer del *otium* su ocupación principal, al menos por algún periodo en la vida. En la universidad se han dado cita aquellas disciplinas que, o bien son enteramente teóricas (como la filosofía o la matemática) o bien están orientadas hacia alguna práctica, pero necesitan de un componente teórico para su comprensión cabal (derecho, medicina). El ocio que subyace a estas disciplinas, para ser tal, se debería caracterizar por su ritmo pausado y por su carácter natural, no forzado. Séneca utiliza el verbo *inculcare*, que significa «pisotear, meter a la fuerza» para caracterizar el aprendizaje de dichas artes transformado en ajetreo. El conocimiento *inculcado*, es decir, cultivado bajo el forzado tempo de un *negotium*, es también enemigo del ocio.

Cabe preguntarse si la universidad, que ha sido tradicionalmente un lugar de ocio, no ha caído en las redes de la burocracia, que es una de las versiones contemporáneas del sistema clientelar tan aborrecido por Séneca. La universidad, sometida a grandes presiones por mostrar «números» (publicaciones que probablemente caerían bajo el rótulo de *litterae inutiles* para Séneca), se ha transformado finalmente en una institución altamente burocratizada, en la que un profesor cada vez tiene menos tiempo para el ocio y debe dedicarle más tiempo al *operose nihil agere*, el «trabajoso hacer nada»: rellenar formularios de acreditación, ejecutar proyectos de investigación e implementar «innovaciones» que puedan ser medidas por oficinas que multiplican la burocracia y descuartizan el tiempo de profesores y estudiantes. De un tiempo a esta parte, la universidad lentamente ha dejado de ser la comunidad de maestros y discípulos, y se ha transformado en un gran intercambio de servicios entre profesores y alumnos-clientes regidos por una nueva figura: el *manager* universitario. Estudios recientes señalan con preocupación que la planta de esta «élite gerencial» de las universidades norteamericanas sobrepasa a la planta docente, con el resultado de que el profesor ya ha perdido su autonomía para disponer de sus clases y de sus investigaciones.[3] El profesor se transforma así en un engranaje más de la máquina universitaria, un profesor-burócrata cuya triste figura impacta también en los estudiantes. No es poco común ver estudiantes jóvenes desencantados prematuramente con la vida académica. Lo

3. Cf. Benjamin Ginsberg, *The Fall of the Faculty*, Oxford, Oxford University Press, 2013.

que pensaban que era una vida de fecundo *otium* se les revela como una frenética carrera de escritura de artículos indexados (sobre temáticas en general irrelevantes), metas cuantificables y gestión de recursos.

Pienso que la pérdida de ocio a nivel personal, causada en parte por la omnipresencia de una tecnología intrusiva, y la pérdida de ocio a nivel institucional, causada por la devaluación de la vida contemplativa (ejemplificada en la alienación de la universidad) son dos retos urgentes de nuestro tiempo. Como han advertido hace tiempo psicólogos y críticos culturales, nuestra salud mental y cultural depende en gran medida de recuperar el ocio perdido en nuestra sociedad ultra tecnificada y utilitarista. Como ante todo reto profundo, no existen recetas preconcebidas ni soluciones sencillas; sobre todo porque pensar la recuperación del ocio presupone el ocio mismo y no puede «implementarse» haciendo de él un *negotium*. Con todo, si creemos que la *vita contemplativa* merece ser rehabilitada tanto en nuestra vida privada como en nuestras instituciones educativas, tendremos en Séneca a un sabio consejero para ayudarnos a encontrar una salida para nuestra propia época y contexto. Séneca consideraba que leer a grandes clásicos del pasado ayudaba a ampliar la mirada temporal y así escapar de la estrechez del puro presente (§§ XIV-XV). Quizás no haríamos mal leyéndole con este mismo espíritu.

Esta traducción

Esta nueva traducción del texto senecano ha sido hecha a partir del texto latino establecido por Gareth Williams para la serie de Clásicos Griegos y Latinos de Cambridge (Seneca, *De otio. De brevitate vitae*, Cambridge Greek and Latin Classics, Cambridge University Press, 2003). También he consultado el texto crítico de L. D. Reynolds (*L. Annaei Senecae Dialogorum*, Oxford, 1977). Los comentarios más útiles han sido el de Alfonso Traina (*La brevità della vita*, Turín, Loescher, [7]1996) y el de Williams en su ya mencionada edición crítica del texto latino.

Por tratarse esta de una edición dirigida al público amplio, he querido reducir las notas al pie de página al mínimo. Su única intención es prestar el auxilio indispensable para la comprensión del texto, no entregar una interpretación de un pasaje ni menos exhibir el estado del arte de las discusiones especializadas. Para quien quiera profundizar en la figura y pensamiento de Séneca, ofrezco a continuación una breve bibliografía que puede guiar al lector en la apasionante biografía y pensamiento de este original político, filósofo y dramaturgo.

Esta traducción está dedicada a mis colegas del Instituto de Filosofía de la Universidad de los Andes en Chile, con quienes comparto diariamente un oasis de *otium* y con quienes lucho diariamente para que no se convierta en un *negotium*. Agradezco a Ignacio Salazar, Federico Viola, Rafael Domínguez, Gastón Robert y a tantos otros por haber leído versiones preliminares de este trabajo. Vayan especiales agradecimientos a Braulio Fernández, quien me prestó una gran ayuda estilística en innumerables pasajes.

Breve bibliografía introductoria a Séneca

BARTSCH, S. y SCHIESARO, A. (eds.), *The Cambridge Companion to Seneca*, Cambridge, Cambridge University Press, 2015.

GRIFFIN, M., *Seneca: A philosopher in Politics*, Oxford, Oxford University Press, 1976.

GRIMAL, P., *Séneca*, trad. de Jordi Terré Alonso, Madrid, Gredos, 2013.

HADOT, I., *Sénèque: Direction spirituelle et pratique de la philosophie*, París, Vrin, 2014.

SOCAS, F., *Séneca: Cortesano y hombre de letras*, Sevilla, Athenaica, 2020.

VEYNE, P., *Séneca*, trad. de Julia Villaverde, Barcelona, Marbot, 2008.

LA BREVEDAD DE LA VIDA

I

La mayoría de los mortales, querido Paulino, se queja de la mezquindad de la naturaleza, porque nacemos para vivir tan poco, y tan rápido y de prisa corren los lapsos de tiempo que nos han sido dados, que con excepción de unos pocos, a lo demás los priva de vida justo cuando se preparan para vivir. Y no solo la turba y el pueblo idiota se han lamentado de este mal —según les parece— evidente: también este sentimiento ha hecho nacer quejas entre hombres ilustres. De aquí proviene aquel dicho del médico más excelente: «La vida es breve, la ciencia es larga»;[1] de allí proviene la protesta (que en absoluto le corresponde a un sabio) de Aristóteles contra la naturaleza: «Ella le ha concedido tantos años a los animales, que llegan a vivir cinco o diez veces más, pero al hombre, nacido para tantas metas más altas, le impuso un término mucho más limitado».[2] No tenemos poco tiempo, sino que perdemos mucho. La vida es suficientemente larga y se nos ha dado generosamente para lograr los máximos fines, si se la distribuye bien. Pero cuando se escurre por el lujo o la negligencia, cuando no se gasta en nada bueno, y la última necesidad nos

1.   Sentencia del médico Hipócrates de Cos (siglos V-IV a. C.). Hipócrates, *Obras* IV, 4, 58, Littré.
2.   Esta frase no se encuentra en el corpus aristotélico. Es probable que Séneca la haya tomado de Cicerón, quien la atribuye a Teofrasto, el discípulo de Aristóteles (Cf. *Disputaciones Tusculanas* III, 69).

obliga, tenemos la sensación de que la vida ya pasó, en vez de entender que la vida está pasando. Así es: no recibimos una vida breve, sino que la hacemos breve. No somos pobres, sino malgastadores. Como las grandes riquezas de un rey que caen en las manos de un mal señor se disipan de inmediato, y en cambio, aunque sean exiguas, se multiplican si se entregan a un buen administrador, así nuestra vida es muy amplia para el que dispone bien de ella.

II

¿Por qué nos quejamos de la naturaleza? Ella ha sido generosa. Si uno sabe usar bien la vida, ella es larga. Pero a uno lo tiene capturado una avaricia insaciable, a otro una laboriosa diligencia en trabajos inútiles; uno está entregado al alcohol, otro está reducido a la inercia por la pereza; a uno lo extenúa la búsqueda de votos, siempre pendiente de las opiniones ajenas, a otro lo impulsa una frenética avaricia para comerciar por toda la tierra, una esperanza de lucro por todos los mares. A unos los atormenta el afán de guerra, siempre tensos por peligros ajenos o ansiosos por peligros propios, otros se consumen en la esclavitud voluntaria por los servicios no correspondidos hacia hombres de mayor rango; a muchos el amor por las riquezas ajenas o los lamentos por la propia los mantiene ocupados; muchísimos, que no persiguen nada determinado, son zarandeados con nuevos planes por una frivolidad errante, inconstante y que les repugna. A algunos les gusta no tener un objetivo, pero la fatal muerte los sorprende en medio de bostezos y letargos, y esto me hace no dudar de aquello que dijo el mejor de los poetas como un oráculo: «Diminuta es la parte de la vida que vivimos».[3] El resto del lapso de tiempo, en efecto, no es vida, sino mero tiempo. Por todos lados los vicios los apremian y rodean, y no permiten que se pongan en pie ni levanten la vista hacia el conocimiento de la verdad, sino que los mantienen sumergidos y adheridos al deseo desordenado. Nunca dejan que vuelvan a sí mismos, y si accidentalmente alguna vez les sobreviene alguna tranquilidad, como las profundidades del mar, en la que sigue habiendo oleaje después de la tormenta, así oscilan, y jamás encuentran descanso a sus ocupaciones. ¿Piensas que yo hablo de estos cuyos males son evidentes?

3. La cita no corresponde ni a Homero ni a Virgilio, como se podría esperar del epíteto «el mejor de los poetas» (cf. *Carta a Lucilio* 63, 2).

Mira entonces aquellos a cuya prosperidad concurren las masas: están sofocados por sus bienes. ¡Cuán pesadas son las riquezas para muchos! ¡Cuánta sangre les consume la elocuencia y la ocupación cotidiana de ostentar el talento! ¡Cuántos están pálidos por sus constantes placeres! ¡A cuántos la muchedumbre de clientes que los rodean no les ha dejado ni un solo minuto de libertad! En suma, pasa revista a todos estos, desde capitán a paje: este pide ayuda, este lo asiste; aquel está en peligro, aquel lo defiende; aquel juzga, nadie se hace dueño de sí mismo, uno se consume en el otro. Pregunta acerca de estos famosos cuyos nombres todo el mundo aprende de memoria y verás que estas son sus características: este es partidario a aquel, aquel es partidario de este, nadie lo es de sí mismo. Por eso, la indignación de algunos es lo más insensato: se quejan del maltrato que sufren de parte de los superiores, ¡porque no tienen tiempo para ellos! ¿Alguien que jamás tiene tiempo para sí mismo se atreve a quejarse de la arrogancia de otro? Al menos este alguna vez te dirigió la altiva mirada; quienquiera que seas, prestó oídos a tus palabras, te acogió en su compañía, pero tú jamás te has dignado a mirarte, a escucharte a ti mismo. Por lo tanto, no hay razón para que le cobres a nadie estos favores de vuelta, porque cuando los hiciste, en realidad no querías estar con otro, sino que no podías estar contigo mismo.

III

Aunque todas las mentes que alguna vez brillaron estén de acuerdo en este único punto, con todo, nunca dejarán de admirarse lo suficiente por esta ceguera de las mentes humanas. No soportan que sus predios sean ocupados por otro, y si la insignificante riña versa sobre los límites, acuden a las piedras y las armas. Pero permiten de buena gana que otros entren en su vida; más aún, ellos mismos los invitan a ser sus propietarios. Nadie conoce a alguien que quiera dividir sus riquezas, ¡pero cada cual distribuye su vida entre tantos! Son muy minuciosos en mantener el patrimonio, pero cuando se trata de malgastar el tiempo, son derrochadores justo en la única cosa que exige una honesta avaricia. De la muchedumbre de ancianos, podemos tomar a uno y decirle: «Vemos que has llegado a la última etapa de la vida humana; ya cien años o más te asedian. Vamos, haz el recuento de tu vida. Calcula cuánto tiempo tomó un prestamista, una amante, un patrón, un cliente, las riñas con tu esposa, el escarmiento a los esclavos, los paseos zalameros por la ciudad; añade las enfermedades que sufrimos por nuestra causa, añade el tiempo que quedó sin uso: verás que tienes menos años de los que pensabas. Vuelve a ti mismo y haz memoria: cuándo tuviste un plan determinado, cuántos días resultaron como los habías proyectado, cuándo fuiste de provecho a ti mismo, cuándo tu rostro permaneció estable, cuándo tu alma no se dejó vencer por el temor, qué valió la pena en tantos años, cuántos hicieron añicos tu vida sin que tú notaras lo que perdías; cuánto te ha quitado el vano dolor, cuánto la estúpida alegría, cuánto los deseos codiciosos, cuánto las relaciones lisonjeras. Cuán poco ha quedado para ti: comprenderás que mueres antes de tiempo». ¿Cuál es entonces la causa de esto? Vivís como si siempre fueseis a vivir; nunca os viene a la mente vuestra fragilidad, ni observáis cuánto tiempo ya ha pasado, perdéis el tiempo como si abundarais y estuvierais llenos en él, cuando quizás aquel día que se entrega a un hombre o a una cosa es el último. Teméis todo como mortales, deseáis todo como inmortales. Escucharás decir a la mayoría: «A los cincuenta años me jubilo» o «cuando tenga sesenta años no trabajo más». ¿Y a quién diantres tomas como garante de una vida más larga? ¿Quién hará posible que las cosas vayan como lo has dispuesto? ¿No te avergüenza reservarte para ti los restos de la vida y destinar para la sabiduría aquel tiempo que no podría utilizarse en ninguna otra ocupación? ¡Qué tarde es comenzar a vivir cuando hay que dejar de vivir! ¡Qué estúpido olvido de la condición mortal es postergar los buenos

propósitos para los cincuenta o sesenta años
y querer comenzar a vivir en el punto que
pocos han alcanzado!

IV

Verás que los hombres poderosos y en altos
puestos dejan escapar palabras diciendo que
desean y alaban el ocio, y que lo prefieren
a todos sus otros bienes. A veces desean
bajar de sus cúspides, en la medida en que
puedan hacerlo sin riesgo de perder dichos
bienes; pero, aunque nada externo los con-
mueva o los sacuda, la misma fortuna se
desplomará por sí misma.[4]

4.   Según Séneca, muchos hombres que poseen
bienes externos (como poder, riqueza, etcétera) dicen
que desean el ocio, pero no caen en la cuenta de que es
incompatible con el apego a dichos bienes. Protegen

El divino Augusto, a quien los dioses le concedieron más dones que a nadie, no dejó de rogar para sí el sosiego y el retiro de la política; toda su conversación volvía siempre a lo mismo: que esperaba el retiro. Sus penosos esfuerzos los mitigaba con este dulce aunque falso consuelo: que algún día viviría para sí. En una carta enviada al Senado, después de que se le había prometido que su retiro no iba a estar exento de dignidad ni iba a ser contrario a su gloria anterior, leí estas palabras del César: «Pero estas cosas son más bellas si se vuelven realidad que si se prometen. Y, sin embargo, el deseo de este tiempo anhelado me ha llevado al punto que, aunque la alegría de gozar de esta realidad no llega, he gus-

---

sus bienes de los embates externos de la fortuna, sin darse cuenta de que los bienes mismos de la fortuna, por su por propio peso, son transitorios.

tado algo de su placer por la dulzura de las palabras».[5] La vida retirada le pareció una cosa tan grandiosa, que anticipaba con el pensamiento aquello que no podía disfrutar en la realidad. El que veía que todo dependía solo de él, el que decidía la fortuna de hombres y pueblos, consideraba que el día más feliz sería aquel en que se desvistiese de su grandeza. Había experimentado cuánto sudor costaban aquellos esplendorosos bienes a través de todas las tierras, cuántas inquietudes secretas ocultaban: forzado a tomar las armas en primer lugar contra los ciudadanos, después contra los colegas

5.   Séneca utiliza el ejemplo del emperador César Augusto (cuyo gobierno se extendió del 27 a. C. al 14 d. C.) para exponer la grandeza del *otium* (traducido a veces como «ocio», a veces como «vida retirada», a veces como «descanso», según el contexto). La carta citada por Séneca está perdida.

y finalmente contra sus parientes, derramó sangre por mar y tierra.[6] Por Macedonia, Sicilia, Egipto, Siria y Asia, y casi por todas las costas, impelido por la guerra, puso a los ejércitos exhaustos por la ruina de Roma a luchar en guerras externas. Mientras pacifica los Alpes y subyuga a los enemigos albergados en medio de la paz del Imperio, mientras mueve las fronteras más allá del Rin, del Éufrates y del Danubio, en la misma Roma Murena, Cepión, Lépido, Egnatio y otros afilaban sus puñales contra

6. Referencias a la participación de Augusto en las guerras civiles, a la guerra contra sus *collegae* del triunvirato (Marco Antonio y Lépido) y finalmente a las luchas contra Marco Antonio y Sexto Pompeyo, ambos «parientes» *(affines)* no por sangre, sino por matrimonio (Marco Antonio se casó con Octavia, la hermana de Augusto; y Escribonia, la segunda esposa de Augusto, era tía de la esposa de Sexto Pompeyo).

él.[7] Todavía no había escapado a los odios de estos cuando su propia hija y numerosos jóvenes nobles, unidos por el adulterio como por un juramento, seguían atormentando su edad ya exhausta, como Julo y de nuevo una temible mujer junto a Antonio.[8] Augusto había extirpado estas úlceras arrancando los mismos miembros, pero otras volvían a nacer; y al igual que un cuerpo dotado de demasiada sangre, sufría siempre de

7.   Murena, Cepión, Lépido y Egnatio fueron distintos conspiradores contra Augusto en diferentes años: Lépido en el año 29 a. C., Murena y Cepión entre los años 23 y 22 a. C. y Egnatio en el año 19 a. C.

8.   Referencia a Julia, la hija díscola de Augusto, cuyo comportamiento escandaloso (adulterios y supuestas conspiraciones contra su padre) le costó el exilio en el año 2 a. C. Julo, el segundo hijo de Marco Antonio, fue castigado con la muerte por su relación adúltera con Julia. La imagen de Julia como «temible mujer junto a Antonio» hace recordar a Cleopatra.

hemorragias. Por eso deseaba el retiro, sus pensamientos y esfuerzos descansaban en esta esperanza; esta era la plegaria de quien podía hacer realidad las plegarias de otros.

V

Marco Cicerón, sacudido entre Catilinas y Clodios, Pompeyos y Crasos, enemigos manifiestos, por un lado, y amigos dudosos,[9] por otro, zozobrando con la República y timoneándola mientras se va a pique, finalmente naufragó y no pudo estar tranquilo

9.   Catilina y Clodio fueron dos enemigos declarados de Cicerón, mientras que Pompeyo el Grande y Craso (integrantes del primer triunvirato junto a Julio César) se mostraron ambiguos en su *amicitia* (aquí más bien «alianza política» que «amistad» en sentido corriente).

en tiempos favorables ni soportar los adversos… ¡Y cuántas veces detesta su propio consulado, alabado por él mismo no sin razón, pero sin fin![10] ¡Qué voces tan quejumbrosas da en una carta dirigida a Ático después de la derrota de Pompeyo padre, cuando su hijo aún intentaba recuperar las armas rotas en Hispania! «¿Qué haré aquí, preguntas? —dice—, pues me quedo en mi villa en Tusculum, semilibre».[11] Des-

10.   Después de su consulado del 63-62 a. C., Cicerón no perdió ocasión de alabarlo en sus discursos, cartas y hasta obras poéticas. No hay testimonios de que Cicerón haya «detestado» su consulado. Lo más cercano a una autocrítica se encuentra en una carta a su hermano, en la que se lamenta de las consecuencias de su consulado: *Ad Quintum fratrem* I, 3, 1: «Aquel alabado consulado mío, me arrancó a ti, la patria, los hijos, las fortunas…».

11.   La cita se trata o bien de una carta perdida de Cicerón o de un lapsus de Séneca.

pués añade otras cosas, lamentándose del pasado, quejándose del presente y desesperando del futuro. Cicerón se llamó «semilibre»; ¡por Hércules, jamás un sabio utilizará ese nombre tan bajo, jamás será semilibre un hombre de libertad siempre íntegra y sólida, liberado, dueño de sí mismo y por sobre los demás! En efecto, ¿quién puede estar sobre aquel que está sobre la fortuna?

VI

Livio Druso, hombre brioso y enérgico, después de haber echado a andar las leyes revolucionarias y las desgracias de los Gracos, rodeado de un enorme contingente de toda Italia, era incapaz de ver el término de estas iniciativas, pues no las podía llevar a cabo ni tampoco era libre de dejarlas una vez que las había empezado. Entonces dijo —según se cuenta— que había detestado la vida inquieta desde el comienzo y que era el único que jamás había tenido vacaciones, ni siquiera de niño.[12] En efecto, siendo todavía un muchacho que usaba la toga pretexta[13] se había atrevido a presentar a los acusados ante el juzgado y a ejercer su influencia en la corte de modo tan efectivo, que se sabe que extorsionó a

12.   Druso fue tribuno de la plebe en el 91 a. C., año en que propuso leyes revolucionarias sobre repartición de tierras, al estilo de los hermanos Graco algunas décadas antes. Su iniciativa fue rechazada por el Senado y él mismo fue asesinado (aunque aquí Séneca sugiere la posibilidad del suicidio).

13.   La toga pretexta se usaba hasta aproximadamente los dieciséis años, edad en que se asumía una vestimenta adulta (la toga viril). El texto de Séneca implica que Druso comenzó su carrera de agitador político antes de los dieciséis años.

algunos jueces. ¿Adónde no iría a parar una ambición tan precoz? Se podría adivinar que una osadía tan prematura terminaría en una desgracia enorme tanto para su vida privada como para el Estado. Por lo tanto, tarde se quejaba de que nunca le habían tocado vacaciones desde niño quien era turbulento y funesto para el Foro. Es objeto de disputa si acaso se suicidó: en efecto, murió justo al recibir una herida en la ingle. Algunos dudan si su muerte fue voluntaria, nadie duda de que fue oportuna. Sería inútil recordar a tantos hombres que, pese a parecer bienaventurados a los demás, reconocieron que habían aborrecido todos los años de su vida. Pero con estas quejas ni cambiaron a otros ni a sí mismos, pues cuantas veces sean pronunciadas las palabras, las pasiones recaen en la costumbre.

Por Hércules, vuestra vida, aunque supere los mil años, será reducida a lo más mínimo: vuestros vicios devorarán todos los siglos. Y necesariamente este espacio de tiempo, que se prolonga gracias a su uso racional aunque la naturaleza siga su curso, es necesario que escape de vosotros. En efecto, ni lo retenéis ni lo atrapáis; no podéis retardar lo más veloz de todo, sino que lo dejáis ir como si fuese una cosa superflua y fácilmente reemplazable.

VII

En primer lugar, cuento a aquellos que solo tienen tiempo para el alcohol y el sexo: no hay nadie ocupado en cosas más vergonzosas. Los otros, aunque sean dominados por la vana imagen de la gloria, yerran de modo más respetable. Aunque me enumeres a los iracundos o a los que llevan a cabo acciones odiosas y guerras injustas, al menos estos se equivocan de modo más viril. La ruina de los que están entregados al vientre y al sexo es deshonrosa. Escruta los tiempos de estos, observa cuánto tiempo gastan en calcular, tramar insidias, temerlas, cortejar, hacerse cortejar, cuánto tiempo ocupan en juicios propios o ajenos, cuánto en banquetes —los cuales, por lo demás, son ya obligaciones—: verás cómo sus bienes o sus males no les dejan siquiera respirar.

Por último, todos están de acuerdo en que un hombre ocupado no puede dedicarse bien a ninguna cosa —ni a la retórica, ni a las artes liberales— porque una mente distraída no puede mirar nada en profundidad, sino que desprecia todo aquello que, por decirlo así, se le mete a la fuerza. Para el hombre ocupado no hay nada menos importante que vivir, y no hay ciencia más difícil que esta. Abundan muchos hombres que afirman públicamente ser expertos en otras artes. No obstante, parece que hay niños que han podido aprenderlas tan bien que pueden enseñarlas sin problemas. Pero a vivir se aprende durante toda la vida; y, lo que te asombrará más: toda la vida hemos de aprender a morir.[14] Tantos hombres ilustres, habiendo dejado todos los obstáculos, después de renunciar a las riquezas, los cargos y placeres, se esforzaron en una sola cosa hasta el fin de sus días: en saber vivir. Sin embargo, los más de entre ellos aban-

14. La concepción de la filosofía como meditación sobre la muerte es de origen platónico. Cf. *Fedón* 67e: «Los que filosofan correctamente se ejercitan en el morir, y de entre los hombres, para ellos el estar muertos es lo menos temible».

donaron la vida reconociendo que todavía no lo sabían. Mucho menos entonces lo sabrán estos hombres ocupados. Créeme: es propio del hombre grande que se halla por encima de las vicisitudes humanas el no permitir que le reduzcan el tiempo, y su vida es larguísima justamente porque dedica para sí todo el tiempo posible. Por ende, nada queda sin cultivo e inerte, nada está en manos de otro; el ahorrativo guardián no encuentra nada digno de ser intercambiado por el tiempo. Por lo tanto, él tiene lo suficiente, pero a los otros necesariamente les falta, pues todo el mundo les ha sustraído tiempo de su vida.

No hay razón para que pienses que estos no han entendido alguna vez su perjuicio. Por cierto, escucharás decir de tanto en tanto a la mayoría de aquellos abrumados por una gran fortuna, entre las hordas de

clientes, los pleitos judiciales y otras respetables miserias: «no tengo vida». ¿Y por
qué deberías tenerla? Todos los que piden
ayuda, te despojan. Aquel acusado, ¿cuántos días te hurtó? ¿Cuántos aquel candidato? ¿Cuántos aquella anciana cansada de
sepultar a sus herederos? ¿Cuántos aquel
que finge estar enfermo para excitar la avaricia de los cazadores de herencias? ¿Cuántos
aquel amigo poderoso, que en realidad no
te tiene como amigo, sino como objeto de
exhibición? Haz el balance y calcula, te digo,
los días de tu vida: verás que te quedan pocos, y además de poco valor. Aquel que con-
siguió los fasces que deseaba, quiere renunciar y dice de inmediato: «¿Cuándo pasará
este año?».[15] Aquel que da unos juegos pensó

15.   Los *fasces* son haces de varas atadas junto a
un hacha, llevados por los lictores, que protegen a los
magistrados romanos. Aquí simboliza el consulado.

que le había alcanzado un gran privilegio, pero dice: «¿Cuándo podré desembarazarme de estos?». Aquel patrón es despedazado por todo el Foro y la muchedumbre que lo sigue es tan grande que no se puede oír nada, y dice: «¿Cuándo vendrá el receso?». Cada uno arroja su vida y sufre por la esperanza del futuro y la repugnancia del presente. Pero aquel que destina todo el tiempo para su propio provecho, que dispone todos los días como si fuera el último, este no desea el mañana ni lo teme. En efecto, ¿qué placer nuevo puede ahora traer cualquier otro momento? Todo le es conocido, todo lo ha recibido hasta quedar saciado. Para lo demás, que la fortuna disponga como quiera: la vida ya está segura. A este se le puede añadir, pero no se le puede quitar nada; y añadírsele como cuando se le da un alimento a alguien ya satisfecho y henchido:

recibe algo que no echaba en falta. No hay razón para que pienses que ha vivido mucho quien muestra canas y arrugas: no ha vivido mucho, sino que ha existido mucho. ¿Acaso piensas que ha navegado un largo trecho la nave que, después de salir del puerto, es zarandeada aquí y allá por una fiera tempestad y luego anda en círculos por los mismos espacios impulsada por diversos vientos desde los cuatro costados? No ha navegado mucho, sino que ha sido muy sacudida.

VIII

Me suelo admirar cuando veo a algunos que piden tiempo a otros, y a quienes se lo piden, totalmente dispuestos a darlo. Ambos están pendientes de aquello por lo cual se pide el tiempo, pero ninguno del tiempo mismo. Se pide como si fuese nada, y como si fuese nada se da. Se juega con el bien más valioso de todos, pero este los engaña, pues al ser algo incorpóreo, no cae bajo la visión de los ojos y por eso se piensa que vale poco, o más bien que su precio es casi nulo.[16] Los hombres aceptan ingresos anuales y donaciones con suma gratitud e invierten esfuerzo, trabajo o diligencia para lograrlos, pero nadie valora el tiempo; todos lo usan de modo más laxo, como si fuese algo gratuito. Pero mira a aquellos enfermos: si el peligro de muerte se les acerca, ¡cómo se aferran suplicantes a las rodillas de los médicos! Y si temen la pena capital,

16.   Referencia a la ontología estoica, según la cual el tiempo es una entidad incorpórea (es decir, no cae bajo los sentidos), pero no por eso inexistente. Por el contrario, el tiempo es aquella entidad que subyace necesariamente a los entes corpóreos y a sus interacciones.

¡están dispuestos a gastar todo lo que tienen para vivir! Tan grande es la discordia de pasiones dentro de ellos. Pero si cada uno pudiese ver el número de años futuros tal como vemos los años pasados, ¡cuánto se aterrorizarían al ver que quedan pocos, cuán ahorrativos se pondrían! Y con todo, es fácil dispensar algo cuya cantidad es determinada, aunque sea muy exiguo; y esto mismo hay que guardarlo con más cuidado, porque no sabes cuándo te faltará.

No hay razón para que pienses que ellos ignoran cuán valioso es el tiempo: suelen decirles a quienes más aman que están dispuestos a donarles una parte de sus años. Dan, de hecho, pero no entienden; dan quitándose a sí mismos, pero sin contribuir al incremento de los otros. Pero ignoran que se quitan a sí mismos, y por eso pueden soportar este despilfarro que esconde una pérdida. Nadie les devolverá los años, y nadie tampoco te devolverá a ti mismo. La vida marchará por donde comenzó y no se desviará ni suprimirá su curso. Lo hará sin estridencia, su velocidad no te llamará la atención: caerá silenciosamente. No se prolongará por la orden de un rey o el favor del pueblo: tal como fue enviada el primer día, así correrá, y en ningún lugar se desviará ni se detendrá. ¿Qué sucederá? Tú estás ocupado, la vida corre de prisa: entretanto, la muerte se hará presente. Y quieras o no, tendrás que darle tiempo.

IX

¿Puede haber algo más tonto que la opinión de aquellos hombres que se jactan de su «inteligencia»? Están afanosamente ocupados. Para vivir mejor, organizan la vida a costa de la vida. Proyectan sus pensamientos hacia adelante, pero el peor despilfarro de tiempo es la dilación: ella principalmente deja pasar cada día, ella roba el presente mientras promete el futuro. El máximo obstáculo para vivir es la expectación. Ella pende del mañana y estropea el hoy. Intentas disponer de lo que está en mano de la fortuna, pero abandonas lo que está en tu mano. ¿Hacia dónde miras? ¿Hacia dónde te proyectas? Todo lo que vendrá es incierto: vive ahora.[17]

Escuchad cómo el mejor vate canta un poema bienhechor, como inspirado por una palabra divina:

17. Alusión al famoso *carpe diem* horaciano (*Odas* I, 11).

Para los infelices mortales, los mejores
días de la vida
son los que huyen primero.[18]

«¿Por qué vacilas? ¿Por qué te detienes?
—dice el vate— si no te apoderas del día,
este huye». Y cuando te hayas apoderado,
también huirá. Por lo tanto, debes competir contra la rapidez en la celeridad del
uso del tiempo y debes, por así decirlo,
sacar el agua de un rápido torrente que
no siempre tendrá flujo. Estos versos son
bellamente apropiados para reprender a
aquella sempiterna vacilación, porque no
dice «épocas» sino «días». Y tú, sintiéndote
seguro y plácido en medio de tamaña fuga
de los tiempos, ¿te prometes a ti mismo una
larga serie de meses y años, a la medida de

18.   Virgilio, *Geórgicas* III, 66-67.

tu codicia? El poeta habla contigo sobre el día, el día que huye. ¿Acaso hay duda de que los mejores días son los primeros que huyen de los míseros mortales, esto es, de los ocupados? La vejez oprime sus almas infantiles: estas llegan desprevenidas e inermes a la vejez. En efecto, no han previsto nada y arriban a ella de golpe, sorpresivamente, pues no percibían que cada día se acercaba. Así como la conversación, la lectura o algún pensamiento más vivo distraen a los viajeros, de suerte que se enteran de que llegaron a su destino antes de percatarse de que se acercaban a él, así este viaje de la vida, que es incesante y rapidísimo, y que hacemos al mismo paso los despiertos y los dormidos, a los ocupados se les aparece solo en su fin.

X

Si quisiera organizar mi tesis en distintos argumentos, se me ocurrirían muchas cosas para demostrar que la vida de los ocupados es la más breve. Fabiano[19] solía decir —no citando a los actuales filósofos de cátedra, sino a los verdaderos y tradicionales— que contra la pasión había que luchar a golpes y no mediante la sutileza; ni con heridas pequeñas, sino con la carga del ejército al ataque. Fabiano no aprobaba los sofismas; había que infligir heridas, no pellizcar. Con todo, para refutar el error propio de los ocupados hay que enseñarles y no solo darlos por perdidos.

19. Papirio Fabiano (aprox. 35 a. C. - 35 d. C.) fue un filósofo y retórico, maestro de Séneca y de su padre. Séneca lo nombra en muchas de sus *Cartas a Lucilio* (40, 12; 58, 6; 100, 12).

La vida se divide en tres tiempos: el pasado, el presente y el futuro. De estos tres, el que ahora vivimos es breve, el que viviremos es dudoso, el que ya vivimos es seguro. En efecto, en el pretérito la fortuna perdió su poder, porque no puede ser reducido al arbitrio de nadie. Los ocupados lo pierden; en efecto, ellos no tienen tiempo para volverse a mirar el pasado, y si lo tuviesen, sería un recuerdo desagradable y pesaroso. De mala gana dirigen la memoria a tiempos mal vividos ni se atreven a experimentarlos de nuevo, pues sus vicios, que se escondían bajo el disfraz de un gozo presente, salen a la luz al recordarlos. Todo aquel que actuó siempre bajo su censura, que nunca se engaña, se vuelve al pasado con gusto; pero quien codició muchas cosas mediante intrigas, despreció con arrogancia, venció con desmesura, engañó con insidias, robó con avaricia, gastó con derroche, necesariamente tendrá pavor de su recuerdo. Y sin embargo, esta parte de nuestro tiempo es sagrada y está dedicada a los dioses; se sitúa sobre las vicisitudes humanas, está sustraída al reinado de la fortuna, no es tocada por la pobreza, el miedo o las enfermedades. Esta parte no puede ser turbada ni arrebatada: su posesión es perpetua e imperturbable. Los días se presentan uno por uno —y estos, solo mediante instantes—, pero todos los días del pasado se harán presentes apenas lo ordenes, se dejarán examinar y retener a tu arbitrio. Para esto los ocupados no tienen tiempo.

Es propio de una mente serena y tranquila recorrer todas las partes de su vida. Las almas de los ocupados, que están como bajo un yugo, no pueden doblarse y mirarse a sí mismas. La vida de estos se sumergirá en las profundidades. Y como no sirve de nada echar toda el agua que quieras si no hay un fondo que la acoja y sostenga, así tampoco importa cuánto tiempo se nos dé si no hay un fondo: se cuela por las almas destruidas y agujereadas. El tiempo presente es tan breve que algunos piensan que no existe; en efecto, siempre está en curso, fluye y se precipita, deja de existir antes de llegar, y no tolera más demora que el mundo o los astros, cuyo movimiento siempre incesante jamás permanece en su propia huella. Por lo tanto, a los ocupados solo les pertenece el tiempo presente, el cual es tan breve que no se puede arrebatar; pero incluso de este se les despoja, pues andan distraídos en muchas cosas.

XI

En suma, ¿quieres saber por qué no viven mucho tiempo? Mira cuánto desean hacerlo. Viejos decrépitos mendigan con ruegos que se les den unos pocos años más: imaginan que son menores de lo que realmente son. Se halagan con mentiras y se engañan de tan buen grado como si fueran a engañar al destino al mismo tiempo. Pero ahora, cuando la debilidad les ha recordado su mortalidad, ¡con cuánto pánico mueren, como si no estuvieran saliendo de la vida, sino que estuvieran siendo expulsados de ella! Dan voces una y otra vez diciendo que fueron tontos por no haber vivido, y que, si tan solo salieran de ese mal estado de salud, se entregarían al ocio. Solo entonces piensan cuán fútil fue preparar cosas que no disfrutaron, cuán vanos resultaron todos sus esfuerzos. Ahora bien, ¿cómo no será espaciosa la vida de aquellos alejados de todo negocio?[20] Nada se delega a otro, nada se desparrama en esta o aquella dirección, nada se entrega a la fortuna, nada se pierde por negligencia, nada se disipa por derroche, nada es superfluo. Toda la vida, por así decirlo, da intereses. Por muy poco que sea, le basta y sobra; y por ello, cuando venga el día último, el sabio no vacilará en ir a la muerte con paso seguro.

20.   Alusión a Horacio, *Épodos* II, 1: «Feliz aquel que, alejado de los negocios, / como la raza de los hombres de antaño / labra los campos paternos con su yunta / libre de toda usura».

XII

Quizás preguntes: ¿a quiénes llamas «ocupados»? No pienses que solo a los que se les arrojan los perros una vez que han sido expulsados de la basílica,[21] o a los que ves ahogarse respetablemente en su propia muchedumbre de seguidores o con desprecio en una muchedumbre ajena, o a quienes las obligaciones los sacan de sus casas para aporrear puertas ajenas, o a los que la lanza del pretor los convoca con su lucro infame, que algún día va a producir gangrena.[22] El ocio de algunos está ocupado: en

21.   El término *basilica* designa aquí el tribunal de justicia.

22.   En los remates públicos se solía clavar una lanza en el suelo, según la antigua práctica de vender los espolios de la guerra de manos del militar vencedor. Entre los encargados de gestionar el remate estaban los pretores. Séneca utiliza la imagen médica de

sus villas o echados en sus lechos, en medio de la soledad, aunque estén retirados, son molestos para sí mismos. La vida de estos no ha de ser llamada «vida ociosa», sino más bien «ocupación perezosa». ¿Llamas «ocioso» al que dispone con ansiosa exactitud sus vasos preciosos de Corinto, caros por locura de unos pocos, y consume la mayor parte del día en láminas oxidadas?[23] ¿Al que se sienta en la palestra (pues, ¡oh escándalo!, no solo sufrimos los vicios romanos) como espectador de muchachos que luchan?[24] ¿Al que clasifica a los grupos de

---

la gangrena para expresar los efectos nocivos de hacer negocios turbios.

23.   Los vasos producidos en Corinto hacían furor entre los coleccionistas de objetos preciosos, por lo cual su precio era escandalosamente alto.

24.   Referencia al vicio «griego» de la pederastia. El término griego *ceroma* (traducido aquí por «palestra») designa el lugar en donde se reúnen los mucha-

sus luchadores aceitados según edad y color de piel? ¿Al que mantiene a los atletas más jóvenes? ¿Y entonces? ¿Llamas ociosos a quienes pasan muchas horas en la peluquería, mientras se depilan los vellos que crecieron la noche anterior, mientras cada cabello es objeto de deliberación, mientras la cabellera despeinada es puesta en orden o se intenta simular la calvicie forzando pelos por aquí y por allá en la frente? ¡Cómo se enfurecen si el peluquero se descuidó un poco, como si le cortara el pelo a un hombre de verdad! ¡Cómo se inflaman de ira si algo queda mal cortado en su melena, si un pelo queda fuera de orden, si no todo el cabello quedó enrollado en sus rizos! ¿Quién

---

chos a luchar y a hacer ejercicios desnudos, frecuentado por seductores y voyeristas. El desprecio romano por estas prácticas griegas es un lugar común en la literatura latina. Cf. Williams, 2003, p. 189.

de estos no prefiere perturbar a la República antes que a su cabellera? ¿Quién no se preocupa más de su peinado que de su existencia? ¿Quién no prefiere ser más elegante que honesto? ¿Llamas ociosos a los ocupados entre el peine y el espejo? ¿Y qué hay de aquellos dedicados a componer, escuchar y aprender canciones, que desfiguran sus voces, cuyo recto curso la naturaleza estableció como el mejor y el más simple, en una modulación blandengue? Chasquean constantemente los dedos siguiendo una melodía en sus cabezas, pero cuando se trata de cosas serias y a menudo desagradables, se les escucha un tarareo silencioso. Estos no tienen ocio, sino indolente negocio. ¡Por Hércules, no pondría a sus banquetes dentro del tiempo libre, cuando veo con cuánta preocupación disponen la platería, con cuánto cuidado uncen las túnicas de los criados jovencitos, cuán pendientes están de cómo saldrá el jabalí de manos del cocinero, con qué rapidez acuden los criados depilados[25] a sus servicios una vez dada la señal, con cuánta habilidad se trinchan las aves en pedazos no desmedidos, con cuánto esmero los desafortunados criados limpian los esputos de los borrachos: mediante estas cosas buscan tener fama de elegancia y estilo, y hasta tal punto sus males los persiguen dentro de lo más recóndito de sus vidas, que no puedan beber o comer sin deseos de congraciarse con los demás. Ni siquiera cuentes entre los ociosos a los que son llevados aquí y allá por sillas y literas, y se

25. Los *exoleti* eran prostitutos jóvenes que solían entrar en escena después del banquete. Cf. Séneca, *Sobre la providencia* III, 13; *Cartas a Lucilio* 47, 7; 95, 23-24. Los *glabri* eran esclavos depilados que exhibían un aspecto andrógino.

pasan horas y horas en estos paseos, como si no les fuera lícito dejarlos. A estos alguien les avisa de cuándo deben bañarse, cuándo nadar, cuándo cenar; y sus almas delicadas están hasta tal punto debilitadas por una intensa languidez, que no saben por sí mismos si tienen hambre o no. He oído decir que uno de estos «delicados» —si es que hay que llamar en absoluto «delicia» al acto de olvidar la vida y la costumbre humanas—[26] cuando fue sacado del baño en brazos y puesto en una silla, preguntó: «¿Ya estoy sentado?». ¿Piensas tú que este, que ignora si está sentado, sabe si vive, si ve, si está ocioso? No me es fácil decir si le tengo más compasión por ignorar esto

26. He intentado conservar la conexión etimológica que establece Séneca entre *delicati* (lujuriosos, refinados, etcétera) y *deliciae* (refinamiento, molicie, delicia).

o por fingir que lo ignora. Ciertamente experimentan el olvido de muchas cosas, pero también simulan haberlas olvidado. Se complacen en ciertos vicios como si fuesen pruebas de su éxito, como si fuese propio de un hombre bajo y despreciable el saber lo que se hace. ¡Qué erróneo pensar que los mimos simulan muchas de sus escenas para condenar el lujo! Por Hércules, dejan pasar más cosas que las que representan, y es tal la cantidad de vicios increíbles que ha generado esta época ingeniosa con este único fin, que ahora podemos acusar a los mimos de negligencia.[27] ¡Que exista alguien

27. Séneca introduce aquí la comparación entre los hombres absortos en sus placeres que fingen olvidar sus actividades básicas con el teatro de mimos (que no ha de confundirse con el «teatro mudo» de la actualidad), cuyas obras de gesto exagerado muchas veces se orientaban a la crítica moral. Cf. *Cartas a Lucilio* 8, 8-9.

arruinado hasta tal punto por los lujos, que tenga que creerle a otro para saber si está sentado! Este no está ocioso, ponle otro nombre: está enfermo, o más aún, está muerto. El ocioso es quien es consciente de su ocio. Pero este semivivo que necesita de alguien que le indique para conocer el estado de su cuerpo, ¿cómo puede ser señor de su propio tiempo?

XIII

Es un largo trabajo enumerar uno a uno a aquellos que consumen su vida jugando a las damas, a la pelota o a broncear su cuerpo al sol.[28] No tienen ocio quienes cultivan la-

28. Lo que aquí se traduce por «juego de damas» es el *ludus latrunculorum* o simplemente *latrunculi* («los ladrones»), un juego de tablero semejante a las

boriosamente sus placeres. Pues nadie duda de que no hacen nada quienes trabajosamente se dedican a los estudios inútiles de las letras, de los cuales ya entre los romanos hay gran multitud. Fue una enfermedad propia de los griegos esto de investigar cuántos remeros tenía Ulises, qué obra fue escrita antes, si la *Ilíada* o la *Odisea*, si las dos son obras del mismo autor, y otras cosas de este estilo. Si las tienes resueltas, de nada valen para tu propio saber; si las comunicas, no parecerás más culto sino más cargante. Mira, que también a los romanos los ha invadido el deseo vano de aprender cosas superfluas.[29] Hace pocos días escuché a uno

damas cuyos detalles exactos ignoramos.

29. Referencia despectiva a los *grammatici* alejandrinos, que a juicio de Séneca malgastan su tiempo y se enfrascan en preguntas sin provecho *(utilitas)* en vez de una lectura más sapiencial de la literatura y la

que relataba quién había sido el primero de los generales romanos en hacer cada cosa: Dulio fue el primero en vencer en combate naval, el primero que trajo elefantes en su desfile triunfal fue Curio Dentado.[30] Aun estas cosas, aunque no nos conducen a la verdadera gloria, al menos tratan de conductas políticas ejemplares: un saber de esta clase no nos aprovecha, pero al menos nos provoca interés, aunque sea por su engañosa futilidad. Excusemos también a

---

filosofía (cf. *Cartas a Lucilio* 108, 24-35).

30.   A lo largo del parágrafo XIII Séneca critica y ridiculiza la naciente práctica anticuaria de su época de datar a los inauguradores de algo y de investigar detalles irrelevantes e inciertos. Algunos comentadores piensan que se trata de una crítica velada a Plinio el Viejo y a su *Historia Natural*. Cayo Dulio fue cónsul durante la Primera Guerra Púnica y celebró el primer triunfo naval en el 259 a. C. Curio Dentado celebró su triunfo tras haber derrotado a Pirro en el 275 a. C.

los investigadores la pregunta sobre quién fue el primero en persuadir a los romanos de ascender a un barco. Fue Claudio llamado *Caudex* por esto mismo, porque los antiguos llamaban *caudex* al ensamblaje de muchas tablas, de donde las tablas públicas se llaman *códices* y las embarcaciones que transportan provisiones por el Tíber se llaman, según la antigua usanza, *codicariae*. [31] También vendría al caso el hecho de que Valerio Corvino fue el primero que venció a Mesana, y fue el primero de la familia de los Valerios llamado Mesana por el nombre de la ciudad capturada, y poco a poco

31.   Apio Claudio Caudex fue cónsul en el año 264 a. C. Fue considerado desde antiguo como pionero en trasladar tropas por mar (cf. Polibio, *Historias* I, 12, 5). La relación etimológica entre el cognomen de Apio Claudio (Caudex), la palabra códice *(codex)* y *codiciaria* es correcta, pero a juicio de Séneca, poco interesante.

llegó a conocerse como Mesala, porque la pronunciación común terminó cambiando el nombre.[32] ¿Y excusarás que alguien se ocupe de que Lucio Sula fue el primero en exhibir un espectáculo de leones sueltos en el circo, cuando en general se exhibían encadenados para que los arqueros enviados por el rey Boco los matasen?[33] Y sin duda también podríamos excusar esto; pero saber que Pompeyo fue el primero en ofrecer un espectáculo en el circo de una batalla entre dieciocho elefantes contra hombres condenados, ¿contribuye a algo bueno?[34] El prín-

32.   Valerio Máximo Mesala (no Corvino, como dice Séneca), cónsul en el año 263 a. C., capturó la ciudad siciliana de Mesina.

33.   Lucio Sula, mientras era *praetor urbanus*, exhibió leones en el año 93 a. C. El rey Boco de Mauritania ayudó a los romanos entregando a su yerno Yugurta (105 a. C.)

34.   Sigo aquí la variante *noxis* de los manus-

cipe de la Ciudad, de sobresaliente bondad entre los anteriores príncipes —según se cuenta—, consideró que este género memorable de espectáculos hacía morir a los hombres de un nuevo modo. ¿Luchan hasta el fin? Es poco. ¿Se destrozan? Es poco: ¡que sean despedazados con bestias de inmenso tamaño! Hubiese bastado que esto quedara para el olvido, para que ningún poderoso después aprendiese y emulase algo tan inhumano. ¡Oh, cuán oscuras vuelve nuestras mentes un gran éxito! Aquel creía que se hallaba sobre la naturaleza cuando lanzaba a tantos míseros hombres a bestias traídas de tierras exóticas, cuando establecía batallas entre animales tan dispares, cuando derramaba tanta sangre ante los ojos del pueblo romano; ¡él, que pronto se

critos (hombres condenados) en contra de *innoxis* (Williams, Reynolds).

vería obligado a derramar aún más! Pero después, él mismo, engañado por la traición alejandrina, se ofreció como víctima al más ruin de sus esclavos, comprendiendo finalmente cuán vana jactancia encerraba su sobrenombre de «Grande».[35]

Pero para volver al lugar desde donde me aparté y para mostrar en la misma materia la superflua diligencia de algunos: el mismo autor narraba que Metelo, después de vencer a los cartagineses en Sicilia, marchó en un triunfo, el único entre los romanos, con ciento veinte elefantes capturados frente a

---

35. Después de haber sido vencido en Farsalia en el año 48 a. C., Pompeyo buscó refugio con el rey Ptolomeo XIII en Egipto. Ptolomeo (llamado aquí despectivamente «el más ruin de sus esclavos *[mancipium]*») era cliente de Pompeyo, y por ende le debía fidelidad. Sin embargo, al desembarcar en la costa, fue asesinado por miembros de su corte.

su carro.[36] Sula fue el último de los romanos en extender el *pomerium*, el cual nunca había sido extendido por la anexión de territorio provincial, sino de territorio itálico, según la costumbre antigua.[37] ¿Saber esto es más provechoso que saber que el monte Aventino está fuera del *pomerium*, como afirmaba este autor, por una de estas dos causas: o bien porque allí la plebe se separó de Roma, o porque en aquel lugar las aves no fueron propicias cuando Remo tomó los auspicios, y otras innumerables narraciones llenas de mentiras o

36.   Lucio Cecilio Metelo, cónsul en el año 251 a. C., desfiló triunfantemente en Roma después de derrotar a Hasdrúbal en Panormus.

37.   El *pomerium* es el terreno que marca el límite sagrado entre Roma y el mundo exterior a ella. Según el autor reportado por Séneca, Sula contravino la costumbre ancestral y amplió el *pomerium* de un modo inusitado.

inverosímiles?[38] Pues aunque concedas que han escrito estas cosas de buena fe y son garantes de lo que escriben, con todo, ¿estas cosas harán que disminuyan los errores de alguien? ¿Moderarán los deseos de alguien? ¿A quién harán más valiente, más justo, más generoso? Nuestro querido Fabiano decía que dudaba si era mejor no aplicarse a ningún estudio que enredarse en ellos.[39]

38.   Según Tito Livio, los plebeyos se retiraron dos veces de Roma hacia el monte Aventino. (Cf. *Ab urbe condita* II, 32, 1; III, 31, 1). Según la tradición, Remo, el hermano de Rómulo, había tomado allí los auspicios desfavorables en comparación con los auspicios de Rómulo en el monte Palatino (*Ab urbe condita*, I, 6, 9).

39.   Sobre Fabiano, cf. § X. A partir de estos pasajes no hay que extraer la conclusión de que Séneca rechaza en bloque los estudios históricos o literarios, sino solo en la medida en que dichos estudios no contribuyen al desarrollo ético-intelectual del hombre.

XIV

De entre todos, solo están ociosos los que dedican su tiempo a la sabiduría. Solo ellos viven; y no solo cuidan bien su propio tiempo de vida, sino que añaden todas las otras épocas a la suya propia: todo lo que sucedió en años anteriores pasa a ser su posesión. Si no somos sumamente ingratos, aquellos ilustres fundadores de doctrinas sagradas han nacido para nosotros, han preparado nuestra vida. Gracias a este esfuerzo ajeno somos guiados hacia las cosas más bellas, que han sido extraídas desde las tinieblas hacia la luz. Ningún siglo nos está vedado, en todos somos admitidos; y, si es posible abandonar las angosturas de la debilidad humana mediante la grandeza del espíritu, es mucho tiempo que podemos recorrer. Es posible dialogar con Sócrates, dudar con

Carnéades, lograr la quietud con Epicuro, vencer a la naturaleza humana con los estoicos, sobrepasarla con los cínicos.[40] Como la naturaleza nos permite entrar en alianza con toda época, ¿por qué no salir de este tránsito exiguo y caduco de tiempo, y dedicarse con toda el alma a aquellos bienes inmensos que son eternos y que tenemos en común con los mejores hombres? Estos que

40.   Aquí Séneca entrega una descripción sumaria del núcleo de cada escuela. Sócrates (470-399 a. C) es presentado como el inaugurador de la filosofía como diálogo, Carnéades (214-129 a. C.) como escéptico, Epicuro (341-270 a. C.) como promotor de la *ataraxia* (imperturbabilidad del ánimo). La frase «vencer a la naturaleza humana» atribuida al estoicismo refiere la subyugación de las pasiones por parte de la razón. «Sobrepasar a la naturaleza» como objetivo del cinismo apunta a una superación del estoicismo: la anulación de la condición padeciente misma del hombre (Williams, 2003, p. 213).

corren de obligación en obligación, que se inquietan a sí mismos y a otros, cuando se hayan comportado como locos, cuando hayan recorrido todos los umbrales no dejando ninguna puerta sin abrir, cuando hayan ido a entregar sus lucrativos saludos a casas apartadas unas de otras, ¿a cuántos patrones pudieron visitar en una ciudad tan inmensa y desgarrada en tantas pasiones diversas? ¿Cuántos patrones habrá que no les dejen entrar por estar durmiendo, por estar entregados a los placeres o por simple descortesía? ¡Cuántos hay que, tras haberlos torturado largamente por la espera, pasan por al lado de ellos fingiendo estar apurados! ¡Cuántos son los que evitan aparecerse por el atrio atestado de clientes y huyen por unos pasillos oscuros de la casa, como si fuese menos descortés engañar que dejar fuera! ¡Cuántos, medio adormecidos y con el cuerpo pesado por la borrachera de la noche anterior, saludan a los míseros criados que interrumpen su sueño para que atiendan a un extraño, y repiten con un arrogante bostezo el nombre del cliente mil veces susurrado por el esclavo![41]

Digamos que los que se hallan en verdaderas obligaciones son los que cada día gozan de la íntima amistad con Zenón, Pitágoras, Demócrito, Aristóteles y Teofrasto y otros sumos sacerdotes de las bue-

41.   En las casas pudientes de la antigua Roma existía un siervo (el *nomenclator*) dedicado a presentar a los clientes ante el patrón. La viva pintura de Séneca nos sumerge en la escena de una mañana en la casa de unos de estos *occupati*. Con la cabeza pesada por la resaca de la noche anterior, el patrón —si no ha huido de la turba de clientes que lo acosan y le roban su escaso tiempo— apenas reconoce sus nombres susurrados pacientemente por el *nomenclator*.

nas artes.[42] A ninguno de estos le faltará tiempo para ti, todo el que acuda a ellos saldrá más bienaventurado y amigo de sí mismo, nadie permitirá que ninguno se marche con las manos vacías. Pueden ser visitados de día y de noche por todos los mortales.

XV

Ninguno de estos te obligará a morir, todos te enseñarán a hacerlo. Ninguno de estos destruirá tus años, sino que añadirá sus

42. Zenón, Pitágoras, Demócrito, Aristóteles y Teofrasto se añaden a la lista de filósofos con los cuales el verdadero *otiosus* invierte bien su tiempo. La amplia lista de filósofos propuesta muestra que para Séneca el estudio de la filosofía no se limita a una sola escuela (por ejemplo, la estoica), sino que aspira a una sabiduría que trasciende a cada una de ellas.

propios años a los tuyos; la conversación de ninguno de estos es peligrosa, su amistad no lleva a la muerte, su culto no es costoso. Sacarás de ellos lo que quieres; no te impedirán que bebas cuanto puedas extraer. ¡Qué fortuna, qué bella vejez le espera a aquel que se guarece en la clientela de estos! Tendrá con quienes conversar de las cosas más pequeñas y las más grandes, a quienes pedir consejo sobre sí, tendrá de quienes escuchar la verdad sin ofensa y ser alabado sin adulación, tendrá modelos para conformar su vida.

Solemos decir que no estuvo en nuestro poder elegir los padres que nos tocaron, pues la fortuna nos los asignó: pero sí podemos nacer como queramos. Existen familias compuestas por las mentes más nobles: elige en cuál de ellas quieres ser adoptado. Y no solo recibirás el nombre, sino también los bienes mismos, que no habrán de ser custodiados de modo vil o tacaño: se tornarán mayores mientras los dividas entre más personas. Estos te darán para toda la eternidad un camino y te elevarán a aquel lugar de donde nadie es arrojado. Este es el único método para extender nuestra mortalidad, o mejor dicho, para transformarla en inmortalidad. Los honores y monumentos, y todo lo que la ambición ha ordenado mediante decretos o construido mediante obras, rápidamente se destruye; no hay nada que no sea afectado y demolido por una larga vejez; pero esta no puede dañar a aquellas cosas consagradas por la sabiduría. Ninguna época las extinguirá o menoscabará. La época siguiente —y toda que venga después— aumentará cada vez más la veneración hacia ellas; porque la envidia se da en lo cercano, mientras que admiramos con más inocencia lo que se encuentra lejos. Entonces, la vida del sabio se extiende mucho; él está encerrado por las mismas fronteras que los demás, solo él es libre de las leyes del género humano. Todos los siglos le sirven como a un dios. ¿Pasa algo de tiempo? Lo comprende con el recuerdo. ¿Se hace presente? Lo usa. ¿Vendrá? Lo anticipa. La concentración de todos los tiempos en uno solo hace que su vida sea larga.

XVI

Brevísima y llena de inquietudes es la vida de los que olvidan el pasado, descuidan el presente y temen el futuro. Cuando llegan a los últimos momentos, tarde comprenden estos míseros que estuvieron ocupados tanto tiempo en hacer nada. No pienses que se puede demostrar que ellos viven una larga vida por el hecho de que a veces invoquen a la muerte: la imprevisión los atormenta con pasiones variables que los empujan a aquellas mismas cosas que temen; y por eso a menudo desean la muerte: porque temen. Tampoco es un indicio para que pienses que viven mucho el hecho de que a menudo el día les parece largo, porque mientras viene el momento acordado para la cena, se quejan de que las horas pasan lentas; pues si alguna vez se liberan de las ocupaciones, en el ocio se agobian y no saben cómo disponer el tiempo o prolongarlo. En consecuencia, buscan otra ocupación, y el tiempo que queda entremedio se hace tan fastidioso como cuando, ¡por Hércules!, se publica la fecha de los juegos de gladiadores o se espera la de otro espec-

táculo o placer, y quieren que los días in-
termedios pasen volando. Todo atraso del
evento esperado se hace largo; pero aquel
tiempo que aman es breve y se vuelve aún
más breve por su propia culpa; en efecto,
huyen de un lugar a otro y ni siquiera son
capaces de fijar su morada en una sola pasión. Para ellos los días no son largos, sino
odiosos; pero, por el contrario, ¡cuán cortas
les parecen las noches, que pasan en compañía de prostitutas o del alcohol! De aquí
la chifladura de los poetas que alimentan
los errores humanos con sus ficciones; a
estos les parece que Júpiter, seducido por
el placer del sexo, hizo que la noche du-
rara el doble.[43] ¿Qué otra cosa que inflamar
nuestros vicios es atribuirles tales acciones

43. Referencia al mito de Zeus y Alcmena (ma-
dre de Hércules), que Plauto utilizó en su comedia
Anfitrión.

a los dioses y dar un permiso al desenfreno con el ejemplo de la enfermedad de la deidad?[44] ¿No podrán parecerles brevísimas las noches a estos, por las cuales pagan un precio tan alto? Pierden el día esperando la noche y la noche por el miedo a la luz de la madrugada.

XVII

Las pasiones de estos son ansiosas y están agobiadas por variados terrores, y entre los que más se divierten se cuelan inquietos los siguientes pensamientos: «¿Hasta cuándo durarán estas diversiones?». Con-

44. «Enfermedad» traduce *morbus*. En el estoicismo y otras escuelas helenísticas, las pasiones son descritas frecuentemente desde el campo semántico de la enfermedad (*páthos*, *aegrotatio*, *morbus*, etcétera).

movidos por tal estado de ánimo, hubo reyes que lloraron su poder y ni siquiera la grandeza de su fortuna logró deleitarlos, sino que los aterrorizó el fin que vendría en algún momento. Cuando el arrogantísimo rey de Persia extendió por los campos su ejército y no pudo contar sus miembros sino medir la superficie ocupada, rompió a llorar, porque dentro de cien años ninguno de tantos jóvenes iba a sobrevivir; pero él mismo, que lloraba, era el destino que movería a tantos hombres a morir y que iba a perder a unos en el mar, a otros en tierra; a unos en la batalla, a otros en la huida, y dentro de poquísimo tiempo iba a consumir a aquellos jóvenes de quienes temía que no irían a existir en cien años.[45] ¿Y qué

---

45. Alusión a Jerjes, el gran rey Persa, prototipo de *hybris* (arrogancia, desmesura). Cf. Heródoto, *Historias* VII, 45-46.

del hecho de que incluso las alegrías de dichos hombres sean ansiosas? En efecto, no se apoyan en causas sólidas, sino que son perturbados por la misma ligereza desde la cual nacen esas alegrías. ¿Cómo crees que son los tiempos que ellos mismos reconocen como míseros, si aquellas cosas por las que se elevan y se sitúan por sobre los hombres son adulteradas? Los mayores bienes provocan inquietud, y hay que fiarse menos de la fortuna cuanto mejor sea: se necesita de una segunda prosperidad para asegurar la prosperidad y hay que elevar oraciones por las oraciones que se han cumplido. En efecto, todo lo que sucede fortuitamente es inestable: mientras más alto se eleva, más cerca está de su ocaso. Ahora bien, nadie se complace en que las cosas van a caer; por lo tanto, es necesario que sea miserable, y no solo breve, la vida de quienes con un gran esfuerzo logran algo que se retiene con esfuerzo. Consiguen trabajosamente lo que quieren, y mantienen con ansiedad aquello que han conseguido. Mientras tanto, no tienen en cuenta el tiempo que jamás volverá. Nuevas ocupaciones sustituyen a las antiguas, la esperanza engendra esperanza, la ambición, ambición. No buscan ponerles fin a las miserias, sino que cambian su materia. ¿Nuestros cargos nos atormentan? Nos quitan más tiempo los cargos ajenos. ¿Dejamos de atarearnos como candidatos? Nos hacemos votantes de otros candidatos. ¿Nos liberamos del desagrado de actuar como acusadores? Abrazamos la molestia de hacer de jueces. ¿Alguien deja de ser juez? Se pone al mando de un proceso judicial. ¿Envejeció administrando las ganancias de otros? Se ocupa de sus propias riquezas. ¿Mario dejó la milicia? No deja tranquilos los consulados.[46] ¿Quintio se apresura en terminar con su dictadura? Se lo va a buscar al arado.[47] Escipión, todavía no preparado para algo tan grande, atacará a los cartagineses; es vencedor de Aníbal y de Antíoco, es brillante cónsul y a la vez fiador del consulado de su hermano: si no hubiese sido por su oposición, su imagen hubiese sido puesta

46.   Cayo Mario, de origen humilde (la palabra que hemos traducido aquí por «milicia» es *caliga*, el calzado de soldado) fue cónsul siete veces (107, 104, 103, 102, 101, 100, 86 a. C.), lo cual para Séneca es signo de una hiperactividad malsana.

47.   Referencia a Lucio Quintio Cincinato, quien, según la tradición, fue llamado a ejercer la dictadura mientras se encontraba en su campo empuñando el arado (458 o 439 a. C.; cf. Tito Livio, *Ab urbe condita* III, 26, 8 ss.). La imagen que quiere transmitir Séneca es la del hombre al que no dejan gozar del *otium*.

al lado de la de Júpiter. Pero las sediciones civiles se alzan contra su salvador, y después de haber rechazado, cuando joven, los honores dignos de los dioses, cuando ya sea viejo hallará placer en la ostentación de un arrogante exilio.[48] Nunca faltarán las causas para ser afortunado o para estar miserablemente ansioso; la vida será empujada a empellones de ocupación en ocupación. Nunca se logrará el ocio, siempre se deseará.

48.   Resumen de la vida de Publio Cornelio Escipión Africano (235-183 a. C.), quien comenzó una meteórica carrera como militar de joven y terminó en el amargo exilio. La imagen de Escipión sirve para ilustrar una vida sin *otium*, afanada en conseguir éxitos que en último término dependen de la inestable fortuna.

XVIII

Apártate entonces del vulgo, queridísimo Paulino, y vuelve por fin a un puerto más tranquilo, tú que has sido sacudido excesivamente para los años que tienes. Piensa en cuántas tormentas has padecido, cuántas tempestades has aguantado en privado, cuántas te atrajiste en público; tu virtud ha sido suficientemente mostrada mediante indicios laboriosos y sin sosiego. Ahora experimenta lo que hace tu virtud en el ocio. La mayor parte de tu vida —y sin duda la mejor— la has entregado a la política: toma algo de tiempo para ti. No te invito a una quietud indolente e inerte, no sumerjas lo que haya de vital en tu carácter en un sueño o en los placeres preferidos por la masa. Eso no es tener tranquilidad. Encontrarás cosas mejores a todas las actividades que has ejercido seriamente hasta ahora, que podrás llevar a cabo retirado y sin inquietud. Tú que administras las cuentas de toda la tierra tan desinteresadamente como se debe con las cuentas ajenas, tan diligente como si fueran tuyas, tan escrupulosamente como se debe con las públicas. Consigues afecto en un cargo en el cual es difícil evitar el odio.[49] Sin embargo, créeme que es mejor conocer la cuenta de la propia vida que la del grano público. Retira la fuerza de tu alma —apta para las más grandes empresas— de este cargo, que, pese a ser honroso, es incapaz de brindar la felicidad, y piensa que no has vivido desde la infancia imbuido en el cultivo completo de las disciplinas liberales para que se te confíen con diligencia toneladas de grano;

49. Los funcionarios encargados de distribuir alimentos muchas veces eran blanco del odio popular.

algo mejor y más alto habías prometido sobre ti. No faltarán hombres de frugalidad perfecta y de laborioso trabajo. Los burros de carga son igualmente aptos para portar cargas que los nobles corceles, ¿y acaso alguien abusó alguna vez de la noble rapidez de estos corceles con pesados fardos? Piensa además cuánta inquietud te significa estar a cargo de tan inmensa mole: tienes que lidiar con el estómago humano. El pueblo hambriento no soporta las razones, no se serena con la equidad ni se ablanda con plegarias. Hace poquísimo tiempo, en los días después de la muerte de Cayo César, este no podía soportar —si hay conciencia en el inframundo— que el pueblo romano lo sobrevivía y todavía tenía ración de comida para siete u ocho días.[50] Mientras une

50.   Se narra que Cayo César (Calígula) descuidó hasta tal punto la gestión de alimentos que el pueblo

puentes con naves y juega con los recursos del Imperio, se presentó el peor de los males incluso para los sitiados, la falta de alimentos. La imitación de un rey extranjero loco y desgraciadamente arrogante casi nos costó la calamidad y la hambruna, y aquello que sigue a la hambruna: la destrucción de todas las cosas. ¿Qué ánimo tenían entonces quienes estaban a cargo del cuidado del grano público, que iban a recibir las pedradas, el hierro, el fuego y a Cayo? Utilizando todos los ardides intentaban mantener oculto este mal que se alojaba en las entrañas del Estado, y con razón: en efecto,

---

romano estaba cerca de la hambruna. Mientras se vivía esta calamidad, Calígula había mandado hacer un puente de embarcaciones de cinco kilómetros en Pozzuoli y una mansión imperial en la costa napolitana, al estilo de Jerjes y su puente de embarcaciones en los Dardanelos durante las Guerras Médicas.

algunas enfermedades hay que curarlas sin que lo sepan los enfermos. La causa de la muerte de muchos fue haber conocido su enfermedad.[51]

XIX

¡Vuélvete a estos bienes más tranquilos, más seguros, mejores! ¿Piensas que es lo mismo ocuparse de si los transportadores de grano están libres de corrupción y si este es trasvasado con descuido en los sacos, no sea que se pudra con la humedad y se sobrecaliente, y responda a la medida y al peso, que dedicarse a estas ocupaciones sagradas

51.   De acuerdo con este relato, los funcionarios del Imperio tuvieron que ocultar la alarmante escasez para no dar pie a males peores: motines, disturbios, muerte.

y altas, como saber de qué materia es dios, cuál es su voluntad, cuál es su condición y su forma? ¿O qué destino le espera a tu alma, qué lugar la naturaleza nos asignará después de abandonar los cuerpos? ¿Qué es aquello que en el centro sostiene las cosas más pesadas de este mundo, qué suspende a las cosas más livianas, qué conduce hacia arriba al fuego, qué gobierna a los astros en sus respectivos cursos, y muchas cosas más llenas de maravillas?[52] ¿Quieres, una vez que estés solo, volver tu mente hacia estas cosas? Es ahora, mientras la sangre fluye en nosotros, mientras tenemos fuerzas físicas, que debemos dirigirnos a las mejores cosas. En este género de vida te espera mucho de las buenas artes, el amor y la práctica de las

52.   Séneca da aquí un catálogo de cuestiones de física estoica, esto es, del estudio teórico de lo existente, sea corpóreo o incorpóreo.

virtudes, el olvido de los deseos desordenados, el arte de vivir y morir, y la profunda quietud.

La condición de todos los ocupados es mísera; pero la más mísera de todas es la de quienes no se afanan en ocupaciones propias, sino que duermen para un sueño ajeno, que caminan para un curso ajeno, y son ordenados a amar u odiar, que son las acciones más libres de todas.[53] Si estos quisieran saber cuán breve es su vida, que piensen qué parte es realmente suya.

53.   El sistema de clientela romana implicaba tomar partido visceral a favor o en contra de los aliados o adversarios del patrón.

XX

Entonces, cuando veas que alguien se pone seguido la toga pretexta, o un nombre célebre en el Foro, no lo envidies: estas cosas se dan con menoscabo de la vida. Para que un año sea numerado por ellos, consumirán todos sus años.[54] A algunos la vida los abandona en los primeros aprietos, antes de llegar a la cima de la ambición; a otros, que han conquistado la cima de la dignidad mediante mil indignidades, les viene el triste pensamiento de que han trabajado denodadamente para el epitafio del sepulcro. Algunos abrigan nuevos proyectos al término de su vejez, como si estuvieran en

54.   Los años en la antigua Roma se numeraban con los nombres de los cónsules. Aquí Séneca muestra cuán absurdo es perder los años propios para alcanzar una fama póstuma y, por lo tanto, incierta.

su juventud, pero perecen entre enormes y obstinados intentos. Grotesco es el caso del hombre que, avanzado en edad y buscando el asentimiento de un auditorio inexperto, expiró en el juicio a favor de litigantes desconocidos. Da vergüenza el caso del hombre que, más exhausto por su modo de vivir que por sus labores, cae muerto en medio de sus obligaciones. Da vergüenza quien en su lecho de muerte saca cuentas y recibe la risa de su heredero, que lleva largo tiempo esperando tal desenlace. No puedo dejar pasar un ejemplo que me viene a la mente: Turanio fue un viejo de suma diligencia, quien a los noventa años recibió la jubilación de su cargo de procurador por iniciativa de Cayo César. Cuando esto ocurrió, mandó que lo pusieran en el lecho fúnebre como un difunto, y ordenó que su familia lo rodeara y lo llorara como a un muerto. Su casa guardó luto por su retiro y no abandonó la tristeza hasta que fue restituido en su cargo. Pero me pregunto: ¿qué gusto hay en morir ocupado? La misma actitud se da en la mayoría. Su deseo de trabajo es más permanente que su capacidad para llevarlo a cabo. Luchan contra la debilidad del cuerpo, designan a la vejez misma con el adjetivo de «pesada», porque los aparta de la vida activa. La ley estipula que el mayor de cincuenta años no sea convocado a la milicia y que a partir de los sesenta el senador no sea citado al Senado: los hombres ponen más obstáculos al ocio que las mismas leyes. Entretanto, mientras roban y son robados, mientras uno rompe la tranquilidad del otro, mientras son desgraciados el uno para el otro, la vida no tiene disfrute, placer ni provecho alguno para el alma. Nadie tiene en vistas a la muerte, nadie proyecta lejos su esperanza; pero algunos incluso disponen aquellas cosas que están más allá de la vida, como grandes tumbas, monumentos con sus méritos públicos, juegos fúnebres y exequias ávidas de popularidad. Pero, ¡por Hércules!, sus funerales han de ser hechos a la luz de antorchas y cirios, como si hubieran vivido poco.[55]

55.   Para no llamar la atención, los funerales de los niños se hacían de noche. Un funeral infantil simboliza una vida acabada prematuramente.